SOLFÉGE ÉLÉMENTAIRE

À L'USAGE

des Pensionnats et Écoles Primaires

contenant

110 EXERCICES À UNE VOIX ET 12 RÉCRÉATIONS À 2 VOIX

avec l'explication de tous les principes de la Musique

PAR

FRÉDÉRIC BOISSIÈRE

Directeur du chant à l'École Commerciale St Paul et au Cercle de la Jeunesse de Paris,

et professeur au Lycée Louis - le - Grand.

Prix broché, net: **2^f–2^f 25^c** Le même cartonné.

Le Même SOLFÉGE avec accomp! (facile) de Piano. Prix

En vente à Paris, chez **J. HIÉLARD**, *Éditeur - Commissionnaire.*

   rue Laffitte, 8.   (Propriété réservée)

1876

A MESSIEURS LES PROFESSEURS.

En publiant ce solfége dont on dira peut-être que le besoin ne se faisait nullement sentir, je crois utile de donner ici une petite explication.

Je n'ai jamais pensé que les solféges existant déjà fussent mauvais, mais je suis forcé de reconnaître, qu'ils sont ou insuffisants ou trop développés pour l'âge auquel on commence généralement à solfier. Sans aucun doute on a obtenu de bons résultats, mais l'expérience m'a démontré qu'on peut faire mieux, plus sûrement et plus vite.

Il y a, en effet, certains solféges beaucoup trop simples et qui privés complétement de mélodie sont incapables d'apprendre à chanter la romance ou l'air les plus ordinaires, même quand on les a parcourus en entier. *(travail inutile; résultats presque nuls)*

D'autres sont si peu progressifs, qu'après les dix premiers numéros, on arrive brusquement à de grandes difficultés, insurmontables pour les élèves; *(peine et découragement)*

D'autres dont l'étude des différentes clefs enseignée simultanément absorbe un temps précieux et nuit à l'étude bien difficile des intonations; *(complications et difficultés trop arides pour les commençants)*

D'autres, en deux ou trois parties, sont tellement développés que l'élève ne peut déchiffrer seul quoique ce soit, avant trois ans d'un travail assidu; *(demandant plus de temps qu'on n'en donne pour la musique dans les établissements)*

D'autres enfin ont tous les principes de musique entassés au commencement en guise de préface, et naturellement ces principes ne sont pas même lus et encore bien moins appris, ce qui ne peut jamais rendre un élève *musicien*, même avec les meilleures dispositions (*routine et ignorance*).

Je ne parle pas même ici des solféges écrits beaucoup trop hauts pour des voix qui ne sont pas encore formées.

Ayant moi-même fait suivre ces différentes méthodes et en ayant apprécié les inconvénients, j'ai pensé qu'un solfége bien progressif, avec l'application des principes au fur et à mesure de leur explication, avec des mélodies bien franches, mais qui cependant nécessitent une grande attention de l'élève porté généralement à chanter par cœur et par routine, avec la variété de rythme que comportent les différentes valeurs et mesures, j'ai pensé, dis-je qu'un solfége composé dans ces conditions serait plus expéditif que les autres et offrirait plus d'attrait aux élèves, si prompts à se décourager, pour peu que le travail soit long et aride.

Ces observations une fois admises, j'ajouterai quelques mots seulement sur la marche que j'ai suivie dans l'ordre des exercices.

Après les premiers principes indispensables, on commence immédiatement l'étude importante des *intonations* avec les trois *mesures primitives*; viennent ensuite les *accidents* (si employés en musique,) la formation des *gammes majeure*, *mineure* et *chromatique*, la manière de connaître le *ton* d'un morceau, les *syncopes*, (si difficiles à apprendre) les *nuances*, les *mouvements* et les différentes *mesures*, même celles qui sont très peu usitées, et pour terminer. le tableau de toutes les *gammes* et de tous les *accords parfaits*.

Chaque explication est suivie d'un ou plusieurs exercices pour faire l'application des principes, et après un certain nombre de ces exercices, j'ai indiqué aux élèves une des récréations à deux voix qui sont à la fin du volume; ces récréations donneront beaucoup de sûreté à l'intonation, et développeront en même temps le goût, par l'observation bien exacte des nuances.

Comme échelle vocale, j'ai pris l'étendue de la voix de mezzo-soprano; du *do* d'en bas au *mi* au dessus de la quatrième ligne. Il sera bon de faire prendre la voix de tête, au moins, à partir du *ré*, quatrième ligne; sans cela les enfants s'habituent à crier et il leur devient impossible de chanter juste les notes un peu élevées, sans compter le préjudice que cela cause à leur voix.

J'espère que Messieurs les professeurs voudront bien examiner ce petit ouvrage; qu'ils en fassent l'essai et je pense, qu'après très peu de temps, les résultats qu'ils obtiendront, soit pour la théorie, soit pour la pratique, les satisferont complètement.

Je dois ajouter, en terminant, que les observations et même les critiques de mes confrères qui feront l'expérience de ce nouveau solfége, seront toujours accueillies par moi avec reconnaissance, et me serviront pour de nouvelles améliorations.

F. BOISSIÈRE.

SOLFÉGE ÉLÉMENTAIRE

Portée. On appelle *portée* les cinq *lignes* horizontales sur lesquelles on écrit la musique. L'espace blanc compris entre chaque ligne se nomme *interligne*.

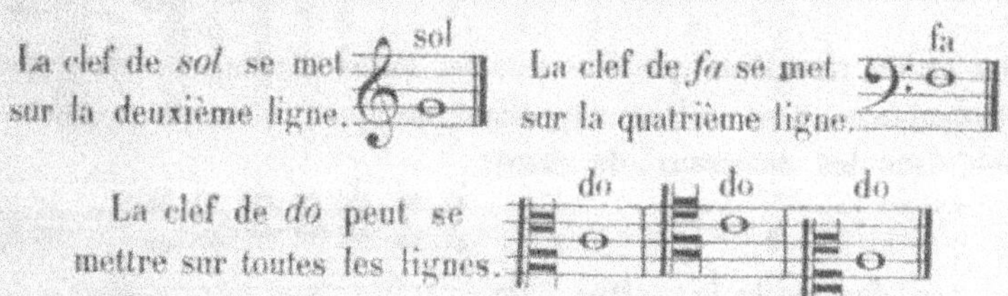

La *portée* comprend donc cinq lignes et quatre interlignes; on les compte en partant du bas.

Lignes supplémentaires. Si ces cinq lignes ne suffisent pas pour écrire toutes les notes, on en ajoute d'autres au dessus et au dessous de la portée, qu'on appelle lignes *supplémentaires* ou *additionnelles*.

Clefs. Le signe placé au commencement de la portée se nomme *clef*; il donne son nom à la note posée sur la même ligne. Il y a trois clefs : la clef de *sol*, la clef de *fa* et la clef de *do*.

La clef de *sol* se met sur la deuxième ligne.

La clef de *fa* se met sur la quatrième ligne.

La clef de *do* peut se mettre sur toutes les lignes.

Nous ne nous servirons dans ce solfége que de la clef de *sol*, les deux autres étant consacrées aux voix d'hommes ou à différents instruments.

Paris, BIÉLARD Éditeur,   rue Laffitte, 8.

Nom des notes. Il y a sept notes qui sont: *do*, (autrefois *ut*) *ré, mi, fa, sol, la, si*. En ajoutant après le *si* la première note *do* on obtient huit notes qui forment ce qu'on appelle la *gamme*.

EXERCICES POUR APPRENDRE À CONNAÎTRE LES NOTES.

Quoiqu'on n'emploie que très peu les notes placées sur les lignes supplémentaires, nous allons cependant indiquer celles qui peuvent se trouver dans les morceaux de chant:

au dessus de la portée.

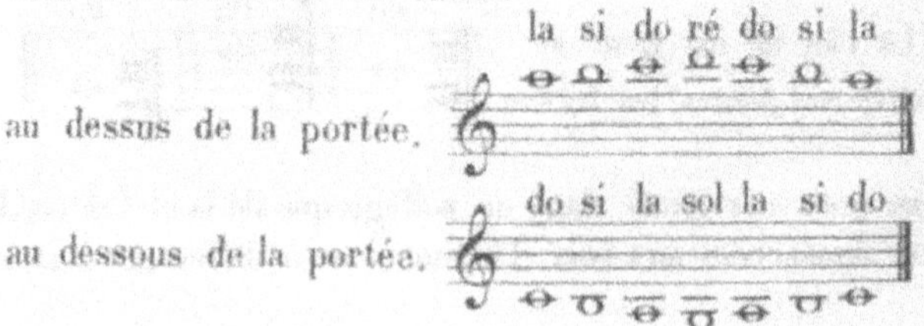

au dessous de la portée.

Forme des notes.

Les notes ont sept figures différentes qui indiquent leur *durée* ou *valeur*. Ces sept figures sont : 1º. la *ronde* o ; 2º. la *blanche* ⌐ ; 3º. la *noire* ♩ ; 4º. la *croche* ♪ ; 5º. la *double croche* ♬ ; 6º. la *triple croche* ♪ ; 7º. la *quadruple croche* ♪.

D'après cet ordre, qu'il faut savoir par cœur, chaque figure a une *durée* double de celle qui vient après : ainsi la *ronde* vaut autant que deux *blanches*, la *blanche* autant que deux *noires*, la *noire* autant que deux *croches* etc....

TABLEAU DES VALEURS RELATIVES DE CHAQUE FIGURE.

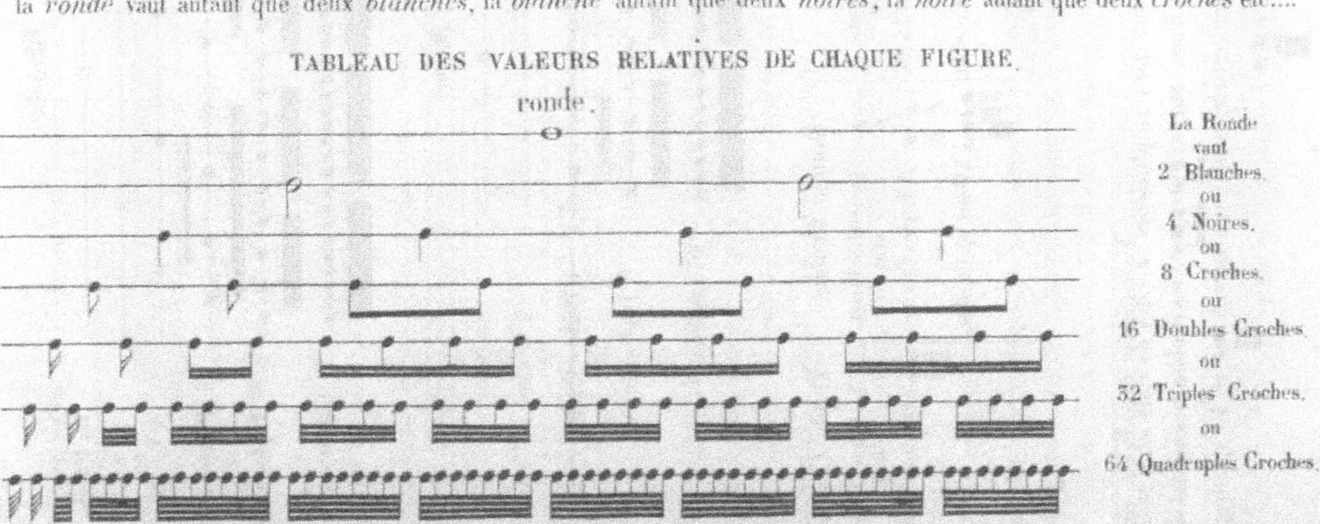

Blanche.

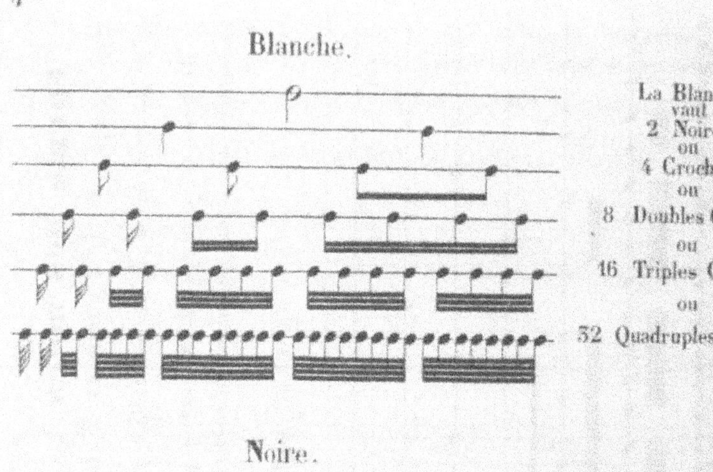

Noire.

Croche.   Double Croche.   Triple Croche.

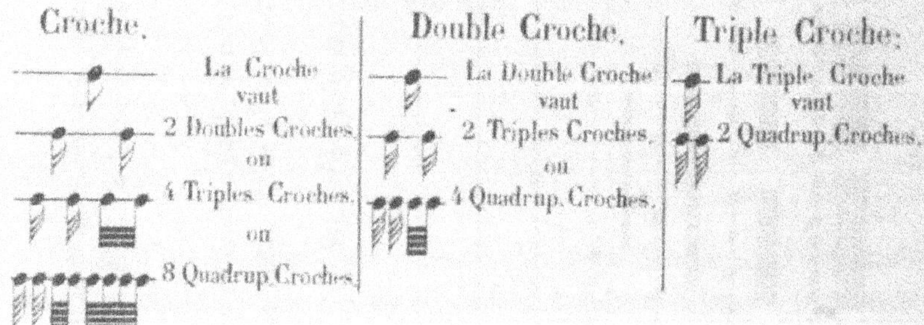

On remarquera que deux ou plusieurs croches de suite sont réunies ensemble, au moyen d'une barre ; les doubles croches ont deux barres ; les triples croches ont trois barres et les quadruples croches quatre barres

Silences . Il y a aussi sept figures de *silences* correspondant aux sept figures de notes, pour indiquer le temps pendant lequel on doit se taire; ce sont : 1º. la *pause* qui se met au dessous de la ligne; 2º. la *demi pause* qui se met au dessus de la ligne; 3º. le *soupir*; 4º. le *demi soupir*; 5º. le *quart de soupir*; 6º. le *huitième de soupir*; 7º. le *seizième de soupir*.

TABLEAU

DES SILENCES RELATIVEMENT À LA DURÉE DES NOTES.

la pause	la $\frac{1}{2}$ pause	le soupir	le $\frac{1}{2}$ soupir	le $\frac{1}{4}$ de soupir	le 8º. de soupir	le 16º. de soupir
vaut la ronde.	vaut la blanche.	vaut la noire,	vaut la croche.	vaut la double croche.	vaut la triple croche.	vaut la quadruple croche.

Mesures . On a divisé la durée des notes en plusieurs parties égales qu'on nomme *temps;* la réunion de plusieurs *temps* forme ce qu'on appelle la *mesure*. Chaque *mesure* est renfermée entre deux barres verticales appelées *barres de mesure*.

mesure,

Il y a trois mesures primitives qui sont 1º. la mesure à 2 temps; 2º. la mesure à 3 temps; et 3º. la mesure à 4 temps (à la rigueur on pourrait n'en compter que deux, la mesure à 4 temps étant formée de la réunion de deux mesures à 2 temps). On les indique ainsi au commencement de chaque morceau:

La mesure à 2 temps $\frac{2}{4}$

La mesure à 3 temps $\frac{3}{4}$ ou 3.

La mesure à 4 temps **C** ou 4.

MANIÈRE DE BATTRE LA MESURE.

On entend par *battre la mesure* marquer très également la division des temps par la main droite ou le pied droit; la main est préférable pour le chant. Voici comment se battent les trois mesures précédentes:

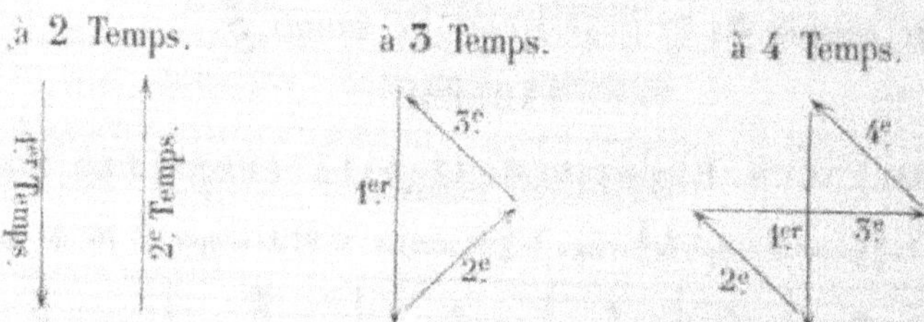

Pour la mesure à 2 temps, le premier est en bas, le deuxième en haut; pour la mesure à 3 temps, le premier est en bas, le deuxième à droite, le troisième en haut; pour la mesure à 4 temps le premier est en bas, le deuxième à gauche, le troisième à droite, le quatrième en haut. Il est bon de remarquer que le premier temps de chaque mesure est toujours en bas, et le dernier toujours en haut.

Ton et demi-ton. Chaque note, devant avoir une *intonation* différente, c'est-à-dire un son qui lui est propre, est séparée de la note qui la touche par un intervalle de son qui peut-être de deux sortes: le plus petit est le *demi-ton*, le plus grand est le *ton*. Dans la succession des huit notes qui forment la gamme de do, il y a cinq intervalles *d'un ton* et deux intervalles *d'un demi-ton*; le premier demi-ton est entre *mi* et *fa*, le second entre *si* et *do*; entre les autres notes l'intervalle est d'un *ton*.

Gamme majeure. La gamme commençant par *do* et finissant par *do* s'appelle *gamme majeure* ou gamme de *do majeur*, nous verrons plus loin pourquoi. Toutes les autres gammes commençant par d'autres notes que *do* et ayant les demi-tons placés de la même façon, c'est-à-dire entre la troisième et la quatrième note, la septième et la huitième note sont aussi des *gammes majeures* et donnent naissance à des *tons majeurs*. Chaque gamme prend le nom de sa première note; cette première note se nomme *tonique*.

Gamme de *do majeur*. Mesure à 4 temps. La *ronde* et la *pause* valent 4 temps.

(1) Les virgules indiquent l'endroit où il faut respirer

Secondes. L'intervalle entre deux notes qui se touchent s'appelle intervalle de *seconde*. Il est d'un ton,

ou d'un demi ton.

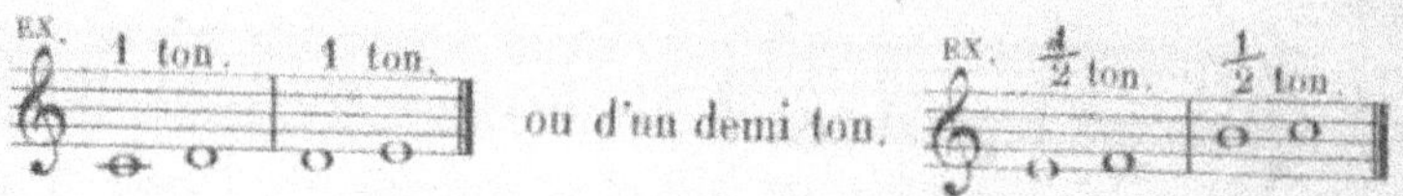

Exercices sur les secondes.

Nº 5.

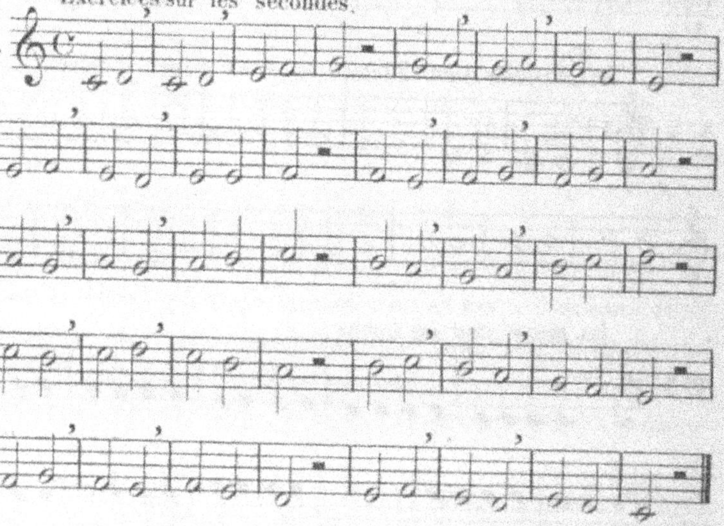

Nº 6.

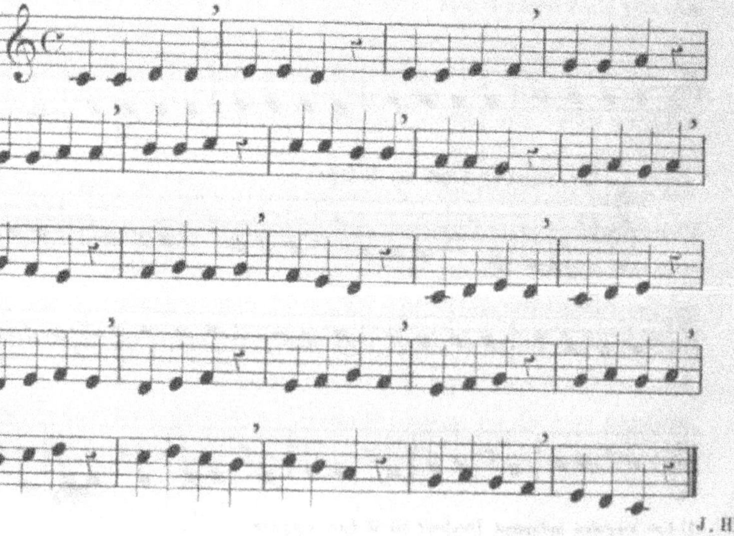

Tierces. L'intervalle de trois notes s'appelle *tierce.* Il est de deux tons,

ou d'un ton et un $\frac{1}{2}$ ton.

Exercices sur les tierces.

N° 7.

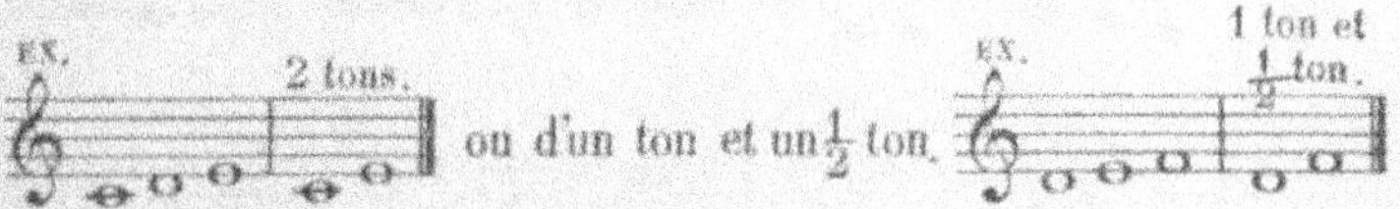

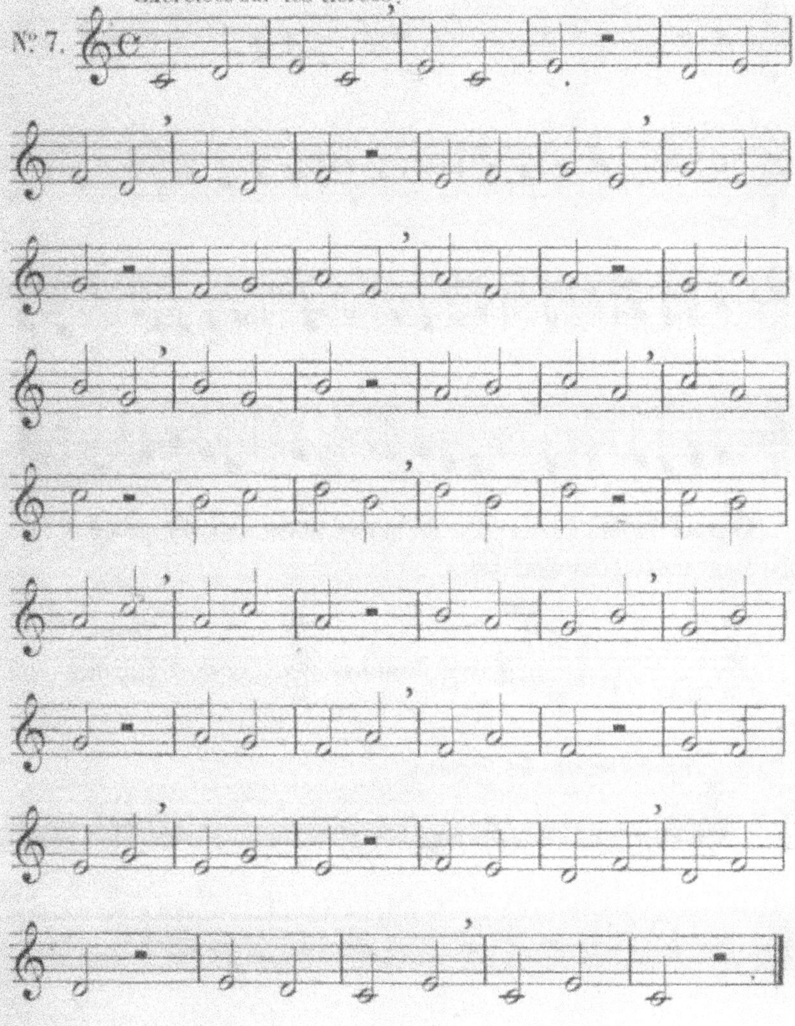

Quartes. L'intervalle de quatre notes s'appelle *quarte*. Il est de deux tons et un demi ton.

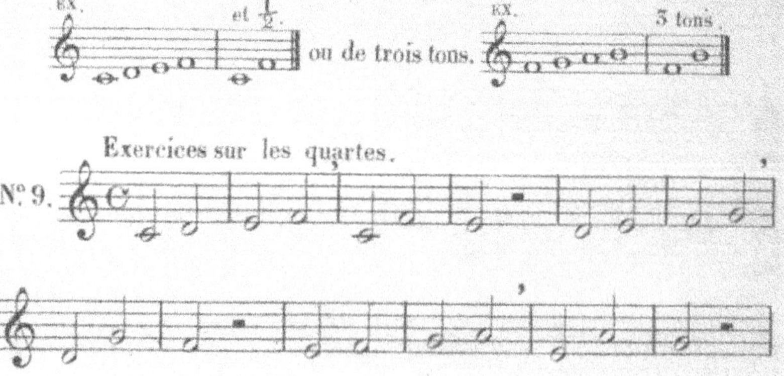

Exercices sur les quartes.

N.º 10.

Quintes.

Quintes. L'intervalle de cinq notes s'appelle *quinte*. Il est de trois tons et un demi ton.

Sixtes . L'intervalle de six notes s'appelle *sixte*. Il est de quatre tons et un demi ton.

Septièmes.

L'intervalle de sept notes s'appelle *septième*. Il est de cinq tons et un demi ton.

Octaves. L'intervalle de huit notes s'appelle *octave*. Il est de cinq tons et deux demi tons.

N.º 19.

N.º 20.

Neuvièmes et **dixièmes.** Les intervalles de neuf notes (neuvième) et de dix notes (dixième) étant très difficiles à chanter, on ne les emploie que fort peu. Voici cependant un exercice pour en donner une idée.

N.º 21.

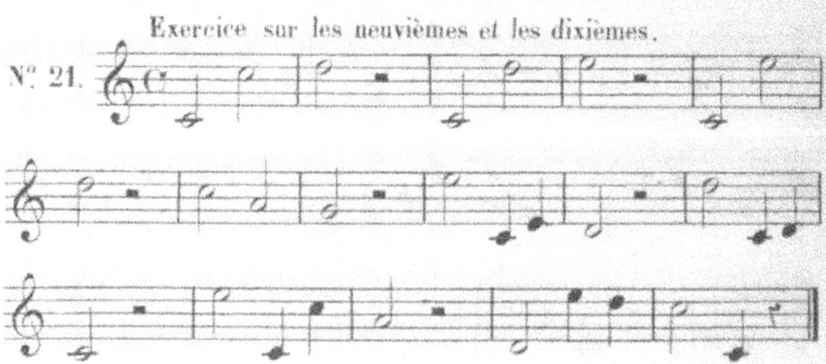

DU POINT.

Le *point* placé après une note l'augmente de la moitié de sa valeur; ainsi la blanche pointée 𝅗𝅥. vaut trois temps, la noire pointée ♩. vaut un temps et demi etc......, de telle sorte que le point a lui-même la moitié de la valeur de la note.

Mesure à 3 temps ¾. La blanche pointée vaut trois temps.

DU DIÈSE, DU BÉMOL ET DU BÉCARRE.

Nous avons vu jusqu'à présent les intervalles produits par la succession des différentes notes de la gamme de *do majeur*. Or chaque intervalle d'un *ton* peut être divisé en deux *demi-tons*. Pour les distinguer on met devant la note un signe particulier qui indique le changement à faire dans l'intonation de cette note. Ces signes sont au nombre de trois: le *dièse* ♯, le *bémol* ♭ et le *bécarre* ♮. Le *dièse* hausse la note d'un demi-ton, le *bémol* baisse la note d'un demi-ton, et le *bécarre* détruit l'effet des deux signes précédents, c'est à dire remet la note dans son ton naturel.

1ᵉʳ EXEMPLE.

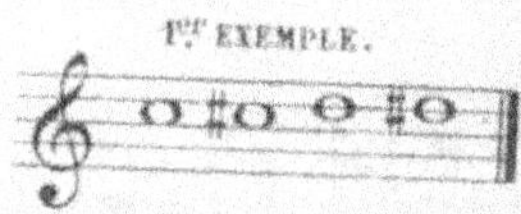

Dans cet exemple, le second *do* et le second *ré* sont plus hauts d'un demi-ton que le premier *do* et le premier *ré*, à cause du dièse qui est devant.

2ᵉ EXEMPLE.

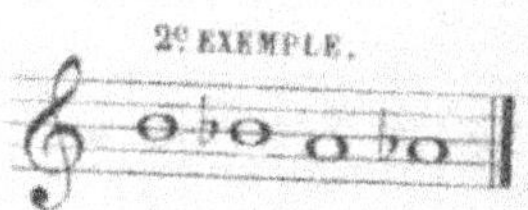

Dans ce 2ᵉ exemple, le second *si* et le second *la* sont plus bas d'un demi-ton que le premier *si* et le premier *la*, à cause du bémol.

3ᵉ EXEMPLE.

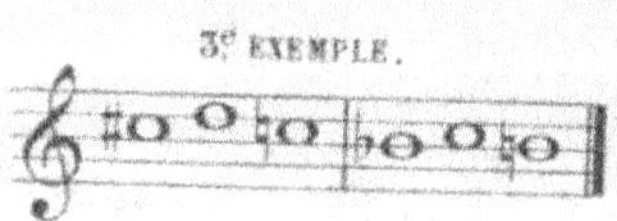

Dans ce 3ᵉ exemple, le do qui était haussé par le dièse est remis à son ton naturel par le bécarre; le si baissé par le bémol redevient naturel par le bécarre.

Après cet exercice, on peut chanter la 1ère récréation à deux voix: PRIÈRE, page 80.

Exercice sur le bémol.

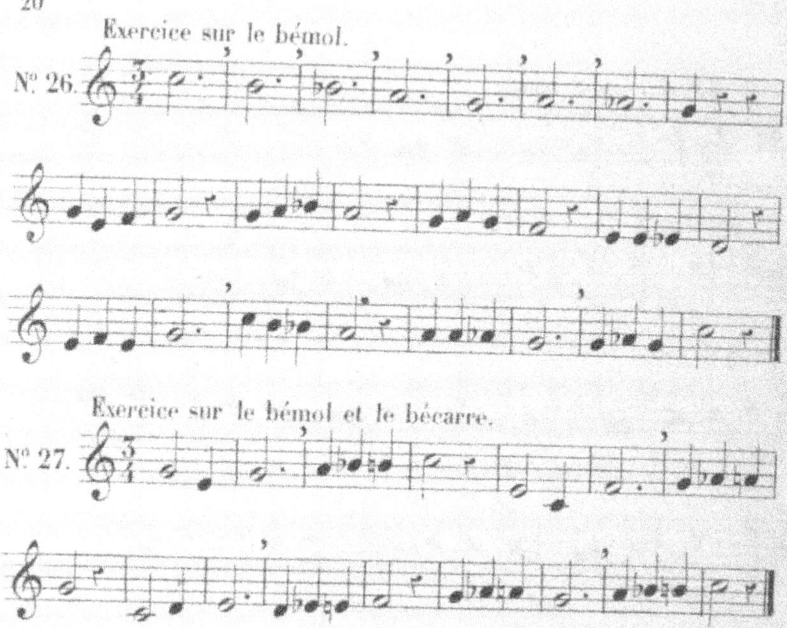

Exercice sur le bémol et le bécarre.

Accidents. Le *dièse*, le *bémol* et le *bécarre* placés devant une note altèrent toutes les notes semblables de la même mesure, c'est-à-dire en changent l'intonation; on les appelle *accidents* ou *signes altératifs accidentels* parce que leur action sur ces notes ne s'étend pas au delà d'une mesure.

Mesure à 2 temps $\frac{2}{4}$. Une blanche ou deux noires pour la mesure.

Nº 29.

Exercices sur les croches. La croche vaut la moitié d'un temps; il en faut alors deux pour faire un temps.

Nº 30.

N.º 31.

Prendre le N.º 2 des récréations: L'AUBE, page 81.

DES REPRISES.

Pour indiquer la fin d'un morceau ou d'une partie principale de ce morceau, on met deux barres ▤▎; quand ces deux barres sont précédées de deux points ▤▎ il faut recommencer aux deux barres précédentes, ou au commencement du morceau; c'est ce qu'on appelle une *reprise*; il peut y en avoir plusieurs dans le même morceau.

Exercice sur la *reprise*.

N.º 32.

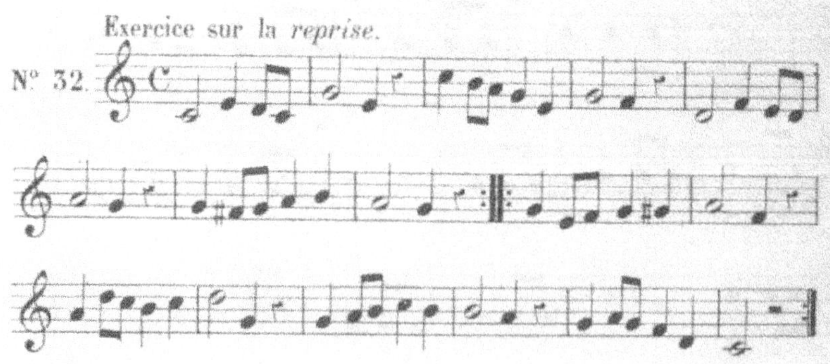

J. H.

Dans les reprises on trouve encore 1ère fois et 2e fois, comme dans l'exercice suivant; il faut alors chanter jusqu'aux deux points de la reprise, recommencer ensuite, passer la mesure ou les mesures sur lesquelles est écrit 1ère fois, et chanter celles qui sont indiquées comme 2e fois.

DU RENVOI.

Le signe suivant 𝄋 appelé *renvoi* veut dire, quand on le rencontre pour la 2e fois, qu'il faut recommencer à l'endroit où on l'a trouvé la 1ère fois, jusqu'au mot *fin* ou en italien *fine*.

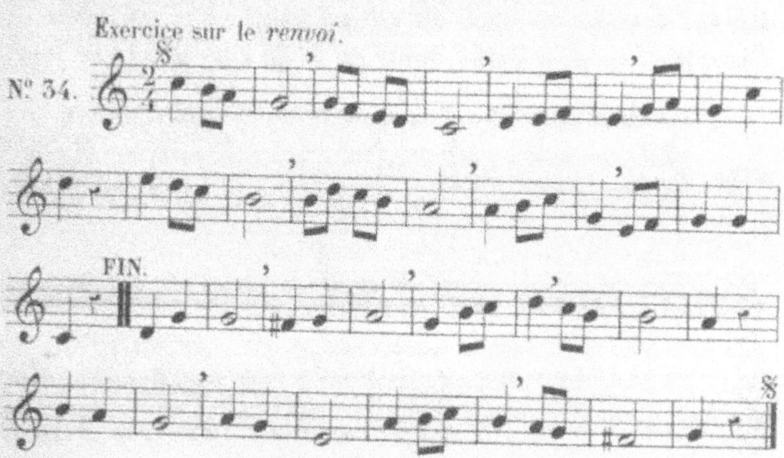

DU DA CAPO.

Le *da capo* (en italien) ou en abrégé D. C. placé à la fin d'un morceau indique qu'il faut recommencer ce morceau tout à fait au commencement jusqu'au mot *fin*.

Exercice sur le da capo.

GAMMES DIATONIQUE ET CHROMATIQUE.

La gamme majeure de *do* est composée, comme nous le savons, de cinq tons et deux demi-tons; on l'appelle gamme *diatonique*, c'est à dire renfermant des tons et des demi tons. La gamme *chromatique* est une gamme dont toutes les notes ne sont séparées que par des intervalles d'un demi ton, au moyen des signes altératifs indiqués plus haut; son étendue est d'une octave, comme la gamme diatonique, de *do* à *do*, de *ré* à *ré* etc.....

Gamme chromatique en montant et en descendant.

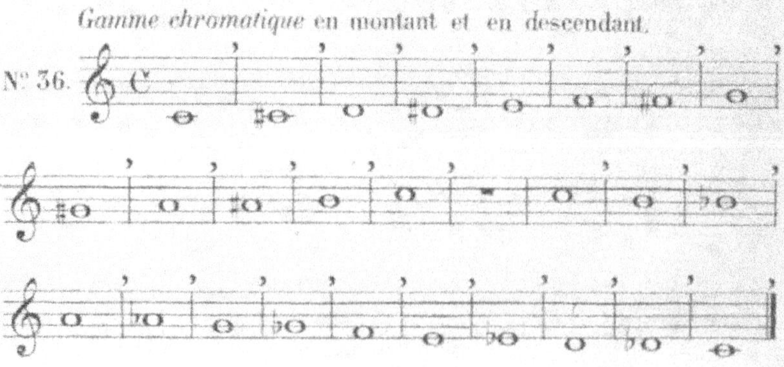

GAMMES MAJEURES ET MINEURES.

Il y a deux espèces de gammes diatoniques: la gamme *majeure* et la gamme *mineure*. La différence entr'elles provient de la place occupée par les demi-tons. Dans la gamme *majeure* dont le modèle est celle de *do*, les demi-tons doivent se trouver entre la troisième et la quatrième note, la septième et la huitième. (cette septième note s'appelle *note sensible* et précède toujours la tonique d'un demi-ton seulement)

Dans la gamme *mineure* les demi-tons sont placés entre la deuxième et la troisième note, la cinquième et la sixième; seulement il faut observer que presque toujours on hausse d'un demi-ton la septième note qui devient alors *note sensible*. La première tierce qui renferme deux tons dans la gamme majeure, ne renferme qu'un ton et demi dans la gamme mineure ce qui fait qu'à l'examen de la tierce on peut savoir si la gamme est majeure ou mineure.

Pour éviter l'intonation difficile du fa au sol ♯ (seconde augmentée) il faut hausser la sixième note d'un demi-ton; cependant on rencontre quelquefois des gammes mineures qui n'ont pas la sixième note altérée.

La gamme mineure se fait en descendant de deux manières:
1° Avec la note sensible. 2° Sans la note sensible.

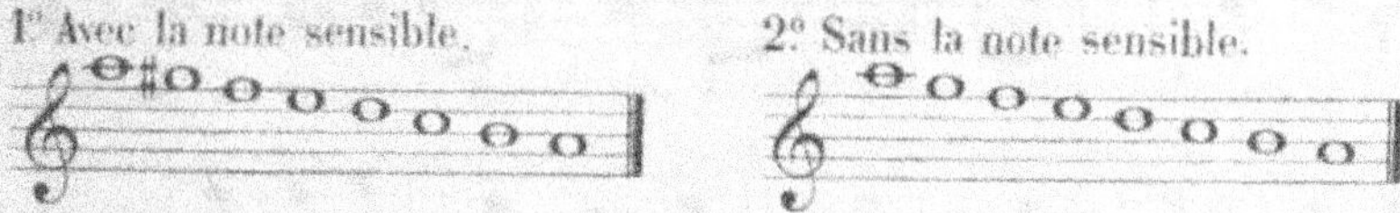

Cette deuxième manière est préférable à la première, car la sixième note n'étant jamais altérée en descendant la gamme, on évite ainsi l'intonation du sol ♯ au fa.

TONS RELATIFS.

On voit dans ce dernier exemple que la gamme de *la mineur* est composée des mêmes notes que celle de *do majeur*; il n'y a que la position
des demi-tons qui diffère; voici pourquoi on dit que le ton de *la mineur* est le ton *relatif* de *do majeur* et réciproquement; d'où il suit
que chaque gamme pourra avoir une gamme *relative*, c'est à dire composée des mêmes notes qu'elle. Pour connaître la gamme mineure relative d'une gamme majeure, il suffit de prendre une tierce mineure plus
bas; ayant une gamme mineure, on prendra une tierce mineure plus haut,
pour avoir la tonique de la gamme majeure relative.

N.º 39.

Prendre le N.º 3 des récréations: L'HIRONDELLE, page 82.

FORMATION DE TOUTES LES GAMMES.

Si l'on prend pour tonique d'une gamme majeure une note autre que *do*, les demi-tons ne se trouveront pas à leur place, c'est à dire de la 3.ᵉ à la 4.ᵉ, et de la 7.ᵉ à la 8.ᵉ note. Par exemple, si l'on commence par sol,

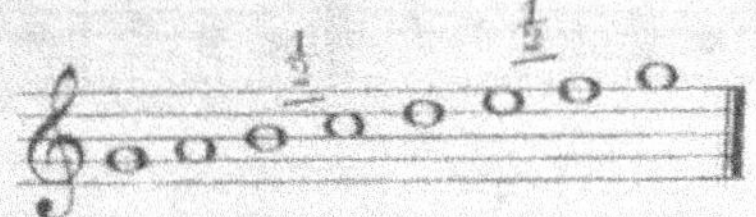

Le premier demi-ton est bien à sa place, mais du fa au sol, il y a un ton au lieu du demi-ton nécessaire. Il faut donc, pour que la gamme soit bonne, mettre un ♯ devant le fa, afin qu'il n'y ait plus qu'un demi-ton d'intervalle entre fa et sol.

Il suit de là que le ton de *sol majeur* doit toujours renfermer le fa ♯ dans sa gamme. Pour éviter de mettre le ♯ à chaque fa qu'on rencontre, on le place à côté de la clef sur la ligne du fa, et tous les fa du morceau doivent être diézés.

Il en est ainsi de tous les signes altératifs placés à la clef; leur action s'étend à toutes les notes semblables du morceau, à moins qu'il ne se trouve un ♮.

Exercices sur le ton de *sol majeur*.

GAMME DE FA MAJEUR.

En commençant la gamme par *fa* le premier demi-ton doit
la et si; il faut donc mettre un bémol devant le si qui est trop haut
d'un demi-ton; le demi-ton est bien à sa place du mi au fa; il y
aura donc un si bémol à la clef, dans le ton de *fa majeur*, et tous les
si seront bémolisés.

On voit donc qu'au moyen des dièzes et des bémols, on peut former toutes les gammes, quelle que soit la note par laquelle on les commence.

Exercices sur le ton de *fa majeur.*

N.º 43.

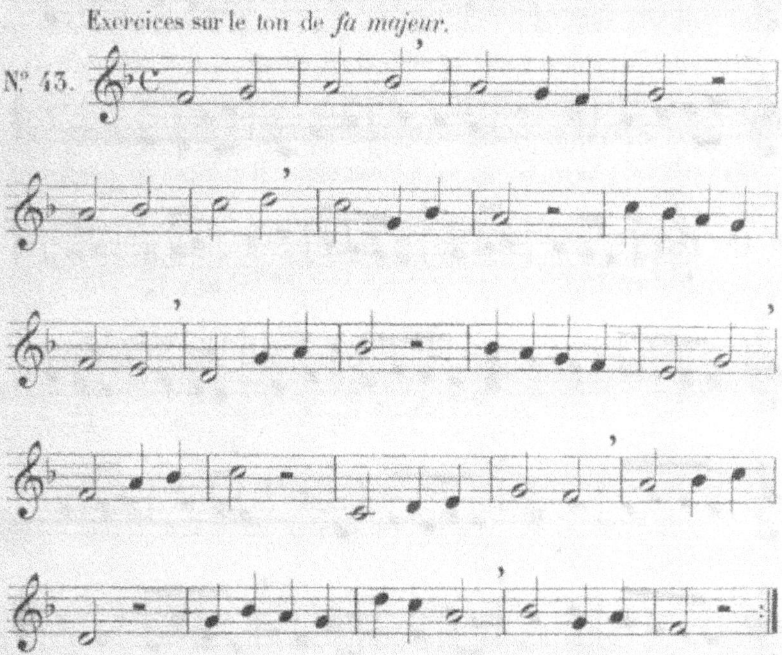

N.º 44.

N.º 45.

Les dièses se mettant à la clef, par quinte en montant, à partir du fa qui est le premier dièse. Voici leur ordre:

fa, do, sol, ré, la, mi, si.

Les bémols se placent en sens inverse, c'est à dire par quinte en descendant, à partir du si qui est le premier bémol. Voici leur ordre:

si, mi, la, ré, sol, do, fa.

Il est très important de savoir l'ordre des dièses et des bémols à la clef, pour arriver à connaitre de suite le ton de chaque morceau.

MANIÈRE DE CONNAITRE LE TON AVEC DES DIÈZES À LA CLEF.

Nous savons que le ton de *do majeur* n'a ni dièzes, ni bémols. Quand on a des dièzes à la clef, il suffit de prendre un demi-ton au dessus du dernier, pour avoir la note du ton majeur; ainsi, s'il y a fa dièze à la clef, on monte d'un demi-ton au dessus de fa dièse et l'on a *sol* comme tonique; si l'on a deux dièses qui sont fa et do, on prend un demi-ton au dessus du do, qui est le dernier dièze, et l'on a *ré* comme tonique. Pour tous les autres dièses, on emploie le même procédé, ce qui est on ne peut plus facile.

Gamme de
ré majeur.

Exercices sur le ton de *ré majeur*.

N.° 46.

Exercices sur la noire pointée qui vaut un temps et demi.

MANIÈRE DE CONNAITRE LE TON AVEC DES BÉMOLS A LA CLEF.

Quand on a des bémols à la clef, l'avant-dernier bémol est la note du ton majeur: ainsi, s'il y a deux bémols, *si* et *mi*, on sera dans le ton de si bémol majeur, si ♭ étant l'avant-dernier; s'il y a trois bémols, *si, mi, la*, on sera dans le ton de mi bémol qui est l'avant-dernier. S'il n'y a que le *si* ♭ à la clef, on supposera par la pensée tous les autres bémols, et on verra que le *fa* ♭ viendrait avant le si, en recommençant une seconde fois l'ordre de ces bémols. Donc, avec le si ♭ à la clef, on sera dans le ton de fa majeur; je dis fa et non fa ♮, car, tous ces bémols n'ont été supposés que pour arriver à connaitre celui qui serait avant le si. Il suffit donc de retenir qu'avec un bémol on est dans le ton de fa, car, pour tous les autres cas, on saura toujours trouver très-facilement l'avant-dernier bémol.

Gamme de *si* ♭ *majeur.*

Exercices sur le ton de *si* ♭ *majeur.*

N° 49.

Exercices sur le demi soupir (𝄾) qui vaut un demi temps, comme la croche.

Prendre le N° 4 des récréations: LES BATTEURS DE BLÉ, page 81.

TEMPS FORTS ET TEMPS FAIBLES.

On appelle *temps forts* d'une mesure ceux qu'on accentue plus que les autres, c'est-à-dire qu'on est porté naturellement à chanter plus fort: ainsi, le premier temps de chaque mesure est un temps fort, le deuxième et le dernier temps sont des *temps faibles*.

Dans la mesure à 4 temps, le premier et le troisième sont forts, le deuxième et le quatrième sont faibles; dans la mesure à 3 temps, le premier est fort, le deuxième et le troisième sont faibles; dans la mesure à 2 temps, le premier est fort et le second est faible.

Chaque temps est divisé aussi en parties fortes et parties faibles: ainsi, dans un temps composé de deux croches, la première est forte, la seconde est faible. Si l'on a quatre doubles croches pour un temps, la première et la troisième sont fortes, la deuxième et la quatrième sont faibles.

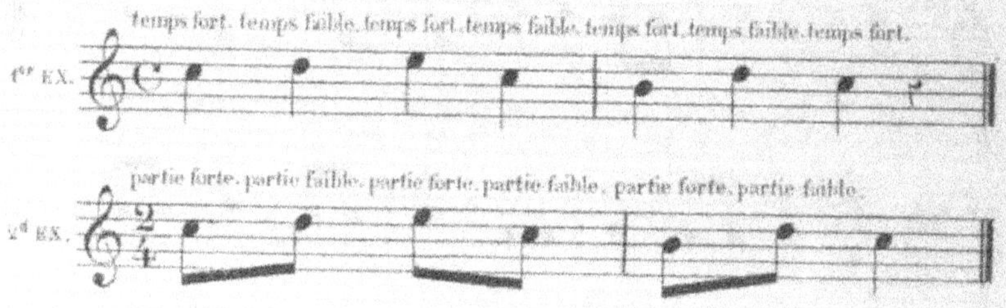

SYNCOPE ET LIAISON.

Les explications qui précèdent étant bien comprises, il sera très-facile de se rendre compte de la *syncope*. La *syncope* a lieu toutes les fois qu'une note commencée sur le temps faible ou la partie faible d'un temps se continue sur le temps fort ou la partie forte d'un temps. Lorsque la syncope s'opère du dernier temps d'une mesure au premier de la mesure suivante, elle s'indique par ce signe ‿ qu'on appelle *liaison*: lorsque deux notes semblables sont liées ensemble, c'est-à-dire unies par ce signe, on ne répète pas la deuxième.

Le deuxième si et le deuxième la forment syncope avec le premier si et le premier la, lesquels commençant sur le deuxième temps, qui est faible, se continuent sur le premier de la mesure suivante, qui est un temps fort. Ces deux si et ces deux la étant liés, on n'en dira qu'un de chaque, tout en ayant soin de soutenir le son pendant deux temps, à cause des deux noires.

Exercices sur la *syncope ordinaire* (composée de deux valeurs égales.) Il faut bien attaquer les notes syncopées.

Exercice sur la *syncope brisée*, dont la deuxième valeur est
moindre que la première.

Prendre le Nº 5 des récréations: l'écho, page 84.

MANIÈRE DE DISTINGUER LES TONS MINEURS.

Nous avons dit comment on trouvait le ton majeur d'un morceau; vous savons aussi que chaque ton majeur a un ton relatif mineur composé des mêmes notes. Pour distinguer si un morceau est dans le ton majeur ou dans le ton mineur relatif, on cherche dans les premières mesures du chant si la quinte du ton majeur supposé est haussée d'un $\frac{1}{2}$ ton, par un dièse ou un bécarre. Cette altération de la cinquième note prouve presque toujours qu'on est dans le ton mineur relatif, dont cette cinquième note devient alors la *note sensible*, par l'élévation d'un $\frac{1}{2}$ ton qu'on lui fait subir. La dernière note du morceau est aussi une indication à peu près sûre, car on finit généralement sur la tonique, à quelques exceptions près. Du reste, avec un peu d'habitude, on arrivera facilement, à l'audition du morceau, à discerner de suite si le ton est majeur ou mineur. Le caractère du ton mineur est beaucoup plus mélancolique et plus triste que celui du ton majeur.

Gamme de *mi mineur*, ton relatif de sol majeur.

Exercices sur le ton de *mi mineur*.

N° 60.

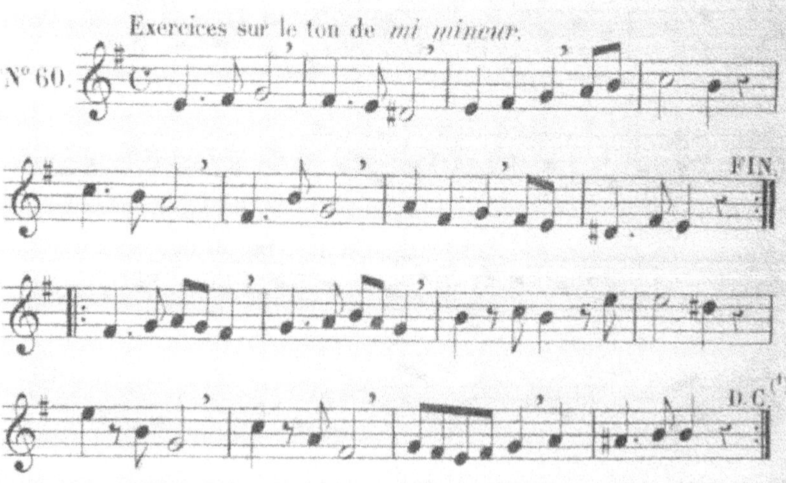

¹) La reprise se fait toujours avant le 𝄋 ou le D.C.

Exercices sur la croche pointée, qui vaut trois quarts d'un temps. Il faut un autre quart, c'est-à-dire une double croche, pour faire un temps entier.

N° 63.

Récapitulation des notes pointées.

N° 64.

Prendre le Nº 6 des récréations: CHANT DE GUERRE, page 85.

Gamme de *ré mineur*, ton relatif de fa majeur.

Exercices sur le ton de *ré mineur*.

N° 67.

SILENCES POINTÉS.

Les silences peuvent être suivis de points comme les notes; on ne s'en sert cependant que très rarement; le plus employé est le demi soupir pointée 𝄾· qu'on fait suivre d'une double croche pour finir le temps.

Exercice sur le demi soupir pointé,

N° 68.

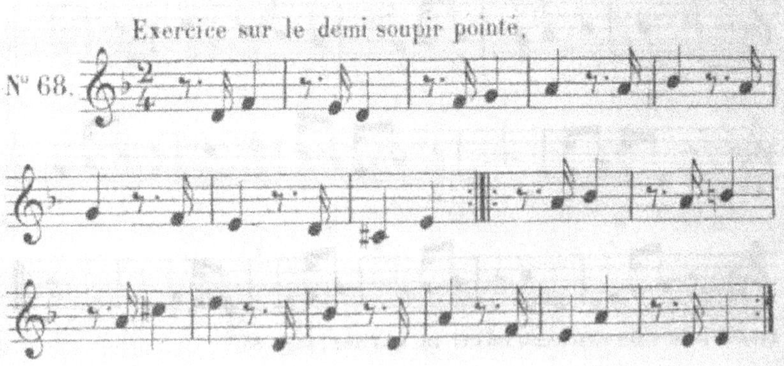

DU TRIOLET.

Le *triolet* est la réunion de trois notes d'égale durée qui doivent s'exécuter pendant le même temps que deux notes d'une valeur semblable; on met ordinairement un 3 sur ces trois notes, ou un 6, si deux triolets se trouvent réunis. Les silences peuvent aussi faire partie d'un triolet.

Exercices sur le *triolet*: trois croches au lieu de deux.

46

Le demi soupir remplaçant une croche d'un triolet.

Une noire et une croche formant un triolet.

N.º 72.

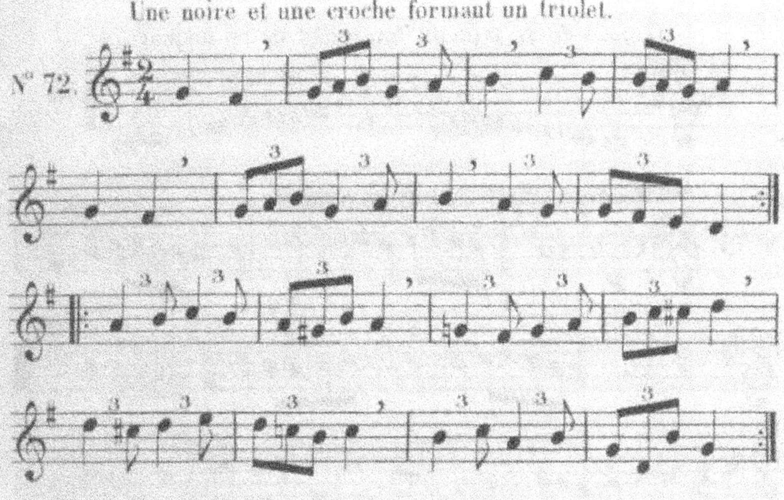

DES NUANCES.

On entend par *nuance* le plus ou moins de force ou de douceur qu'on donne au chant. Voici les principales nuances employées en musique:

forte ou simplement *f*..........................fort
fortissimo ou **ff**........................très fort
mezzo-forte ou **mf**....................demi fort
piano, dolce, ou **p** *dol*............doux
pianissimo ou **pp**....................très doux
crescendo ou **cresc.** ou $<$..........en augmentant la force
diminuendo ou **dim.** ou $>$..........en diminuant la force
$<$ $>$....................................augmentant et diminuant ensuite
smorzando ou **smorz**....................en diminuant de plus en plus
sforzando ou **sf**........................en renforçant le son
calando......................................en diminuant peu à peu
espress. ou *con espress*............avec expression
con anima....................................avec âme
con grazia....................................avec grâce
ben marcato..................................bien accentué.

Gamme de *si mineur*, ton relatif de ré majeur.

Exercices sur le ton de *si mineur*.

Nº 73.

FIN

D.C.

Quatre doubles croches pour un temps.

Nº 74.

N° 75.
FIN.
D.C.
Une croche et deux doubles croches pour un temps.
N° 76.
mf
p
f

Prendre le Nº 7 des récréations: AU PAPILLON, page 86.

J. D.

NOTES D'AGRÉMENT.

On appelle *notes d'agrément* ou *petites notes* des notes qu'on ajoute aux valeurs de la mesure, mais qui ne comptent pas pour la mesure. On prend sur la valeur de la note qui les précède le temps nécessaire pour chanter ces notes d'agrément.

Les trois petites notes *si*, *mi* et *ré*, auxquelles on attribue à peu près la valeur d'une double croche, n'ajoutent rien à la mesure, mais on prend sur les notes do, do et ré qui sont avant elles la valeur d'une double croche pour les chanter; de cette façon les *notes réelles* qui sont après les *petites notes* se chantent chacune sur les temps pour lesquels elles sont écrites. Les notes d'agrément s'emploient de beaucoup de manières; on en verra quelques exemples dans les exercices suivants.

Exercice sur les *notes d'agrément.*

DU POINT D'ORGUE ET DU POINT D'ARRÊT.

On rencontre parfois le signe suivant ⌢ sur une note quelconque; ce signe appelé *point d'orgue* indique qu'on peut prolonger cette note à volonté. ainsi dans cet exemple, la blanche qui par elle-même ne vaut que deux temps, pourra être soutenue quatre, cinq, six temps, si l'on veut. Le même signe, placé sur un silence, se nomme *point d'arrêt;* l'effet en est le même. Lorsque, dans le courant d'un morceau, il se trouve un point d'orgue ou un point d'arrêt, on arrête la mesure, à la fin de la valeur de la note ou du silence, et on la reprend au même endroit, après avoir prolongé la note autant qu'on aura voulu.

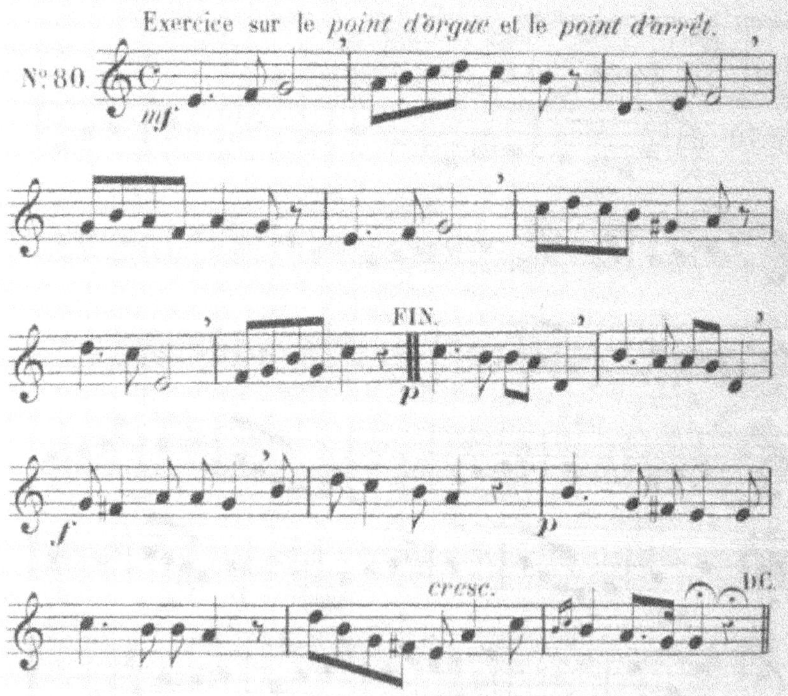

VALEUR DE LA PAUSE ET PAUSES À COMPTER

La pause ☰ remplace toujours la mesure entière, de telle sorte qu'elle vaut deux, trois ou quatre temps, selon que la mesure est à 2, 3 ou 4 temps.

Quand on a plusieurs pauses de suite, on ne les écrit pas les unes après les autres, mais on emploie ce qu'on appelle des *bâtons de pauses,* sur lesquels on écrit le chiffre des mesures à compter, sans chanter.

Le premier bâton sert pour 2 pauses et le deuxième pour 4 pauses on peut mettre plusieurs bâtons de 4 pauses ou simplement tracer un bâton qui traverse la portée en biais ╱ sur lequel on inscrit le nombre des pauses, quel qu'il soit.

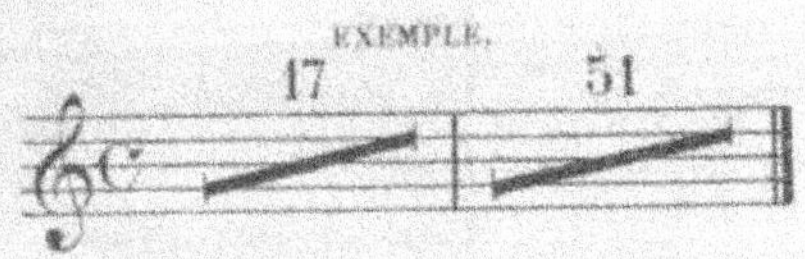

MESURES INCOMPLÈTES

On commence quelquefois un morceau par une mesure qui n'est pas complète; il faut alors compter les temps qui manquent, avant de commencer à chanter, ou bien simplement battre la mesure, à partir du temps dans lequel se trouve la première note du morceau.

Exercice qui commence au 3.ᵉ temps de la mesure.

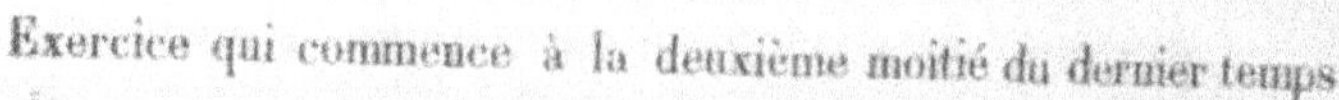

DES MOUVEMENTS.

Les degrés de lenteur ou de vitesse de la mesure s'indiquent par différents mots italiens qu'on appelle *mouvements*; voici les principaux, en allant du plus lent au plus rapide:

Largo	Large.
Larghetto	Un peu moins large.
Lento	Lent.
Adagio	Lent et avec grâce.
Maestoso	Majestueux.
Andante	Mouvement marqué sans presser.
Andantino	Diminutif d'andante.
Moderato	Modéré.
Allegretto	Un peu gaîment.
Allegro	Vif et gai.
Presto	Très vite.
Prestissimo	Excessivement vite.

On emploie aussi les termes suivants qu'on ajoute aux mouvements pour les modifier.

Non troppo pas trop; *quasi* presque; *con moto* avec mouvement; *più mosso* plus de mouvement; *meno mosso* moins de mouvement; *molto* beaucoup; *agitato* agité; *con brio* avec éclat; *ad libitum* à volonté; *rallentando* ou *rall.* en ralentissant; 1º *Tempo* 1er mouvement; *a Tempo* reprendre le mouvement; *più animato* plus animé; *vivace* avec vivacité.

Gamme de *sol mineur*, ton relatif de si ♭ majeur.

Exercices sur le ton de *sol mineur*.

Moderato.

N.° 83.

DU DOUBLE POINT.

Le point placé après une note vaut, comme nous le savons, la moitié de la valeur de cette note. Si l'on met encore un deuxième point après le premier, le deuxième vaudra la moitié du premier. Ainsi la blanche pointée, valant trois temps, en vaudra trois et demi avec deux points; la noire double pointée vaudra un temps et trois quarts, et il faudra une double croche pour finir le deuxième temps. Il en est de même pour toutes les autres valeurs.

Prendre le Nº 8 des récréations: LES VACANCES, page 87.

MESURE À SIX - HUIT, $\frac{6}{8}$.

La mesure marquée $\frac{6}{8}$ contient, comme l'indiquent ces deux chiffres, six huitièmes de la ronde; la ronde vaut huit croches, donc une croche est le huitième de la ronde, et $\frac{6}{8}$ veut dire alors qu'il y a six croches pour une mesure. Au lieu d'une noire ou deux croches par temps, comme dans les mesures primitives que nous avons vues, on a une noire pointée, ou trois croches, ou six doubles croches; la blanche pointée vaut deux temps seulement, et la mesure est à deux temps.

Exercices sur la *mesure à* $\frac{6}{8}$: une noire pointée ou trois croches pour un temps.

Une noire et une croche pour un temps.

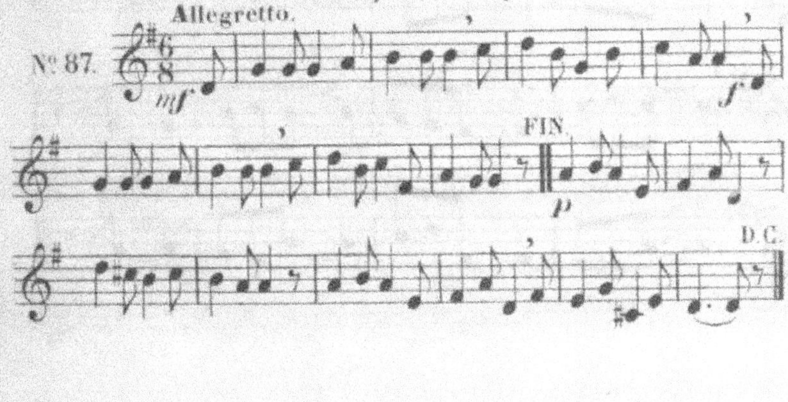

Gamme de la majeur.

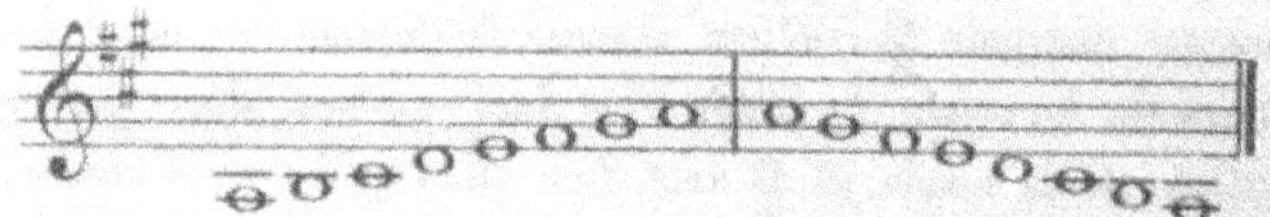

Exercices sur le ton de *la majeur*.

Moderato.

N.° 88.

Une noire et deux doubles croches pour un temps.

N° 89.

Prendre le N° 9 des récréations: CHŒUR DE CHASSE, page 86.

MESURE À NEUF-HUIT; $\frac{9}{8}$.

La mesure marquée $\frac{9}{8}$ contient neuf huitièmes de la ronde, c'est-à-dire neuf croches. Elle est à trois temps et chaque temps est composé, comme dans la mesure à $\frac{6}{8}$, d'une noire pointée, ou trois croches, ou six doubles croches.

Exercices sur la *mesure* à $\frac{9}{8}$.

N° 90.

N° 91.

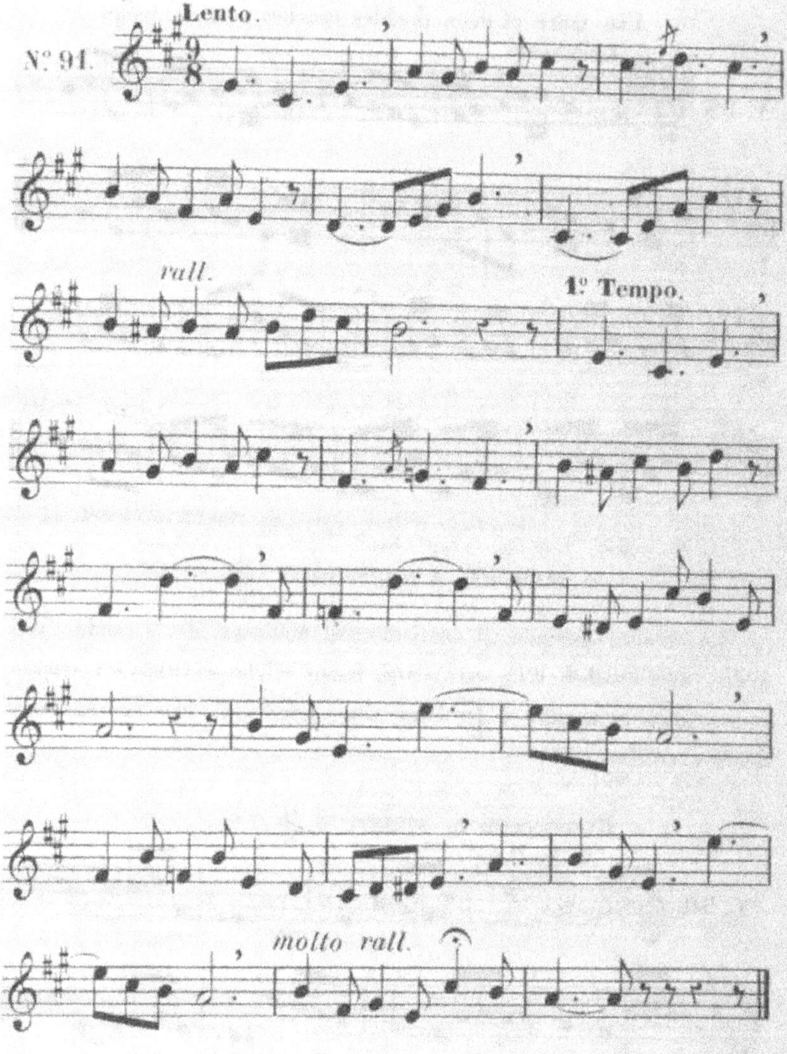

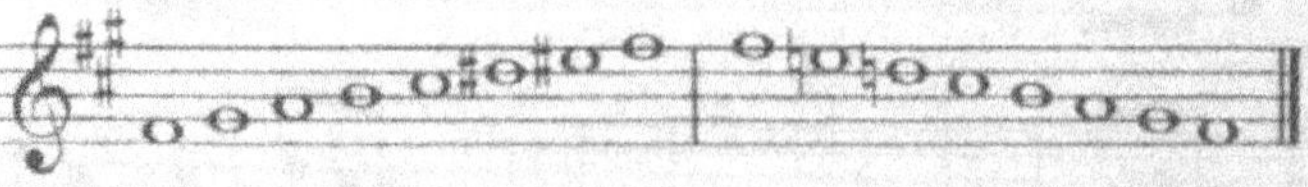

Gamme de *fa* ♯ *mineur* ton relatif de *la majeur*.

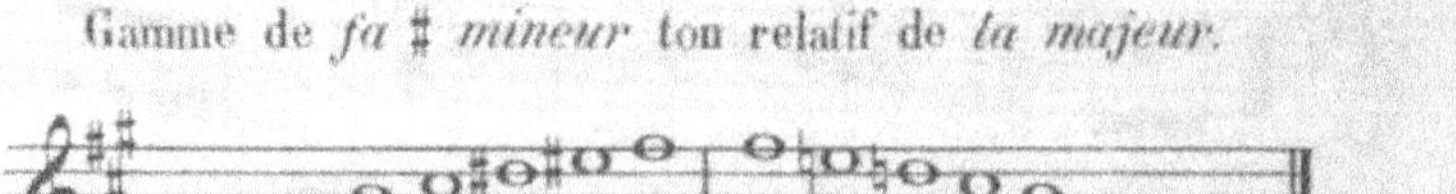

Exercices sur le ton de *fa* ♯ *mineur*.

MESURE À DOUZE-HUIT; $\frac{12}{8}$.

La mesure à $\frac{12}{8}$ contient douze huitièmes de la ronde, c'est-à-dire douze croches. Elle est à quatre temps et chaque temps est composé d'une noire pointée, ou trois croches, ou six doubles croches. Cette mesure est le double de celle marquée $\frac{6}{8}$

Exercices sur la *mesure* à $\frac{12}{8}$

Gamme de mi ♭ majeur.
Exercices sur le ton de mi ♭ majeur.
Allegretto.
Nº 96.

Andante.

N.º 97.

MESURE À TROIS-HUIT; $\frac{3}{8}$.

La mesure marquée $\frac{3}{8}$ contient trois huitièmes de la ronde, c'est-à-dire trois croches. Elle ne peut se battre qu'à trois temps, avec une croche ou deux doubles croches par temps. Si la croche vaut un temps, la noire en vaudra deux, et la noire pointée trois, et par conséquent la mesure entière.

Exercices sur la *mesure à* $\frac{3}{8}$, une croche vaut un temps.

Allegretto.

N.º 98.

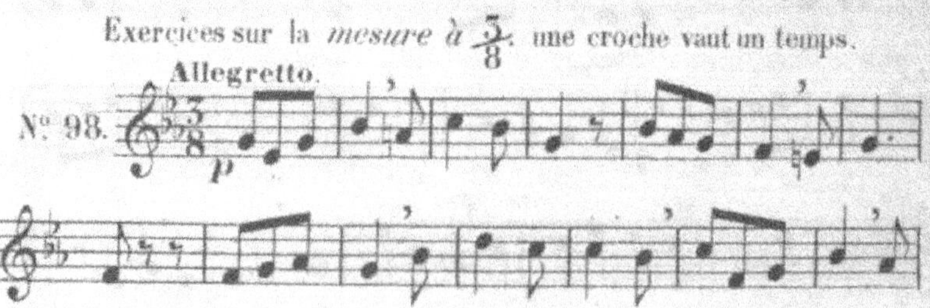

f
p
rall.
Une croche pointée pour un temps et demi.
Moderato.
N.º 99.

Gamme de *do mineur*, ton relatif de mi ♭ majeur.

Exercices sur le ton de *do mineur*.

Allegro.

N.º 100.

Prendre le Nº 11 des récréations, BARCAROLLE, page 90.

MESURE MARQUÉE ¢ ou 2.

La mesure marquée ¢ ou 2 est une mesure à quatre temps dont toutes les valeurs sont diminuées de moitié, comme l'indique la barre qui coupe le C en deux. Elle se bat donc à deux temps; la ronde ne vaut plus que deux temps, la blanche un temps et la noire un demi-temps, c'est-à-dire qu'il faudra deux noires ou quatre croches par temps. Toutes les mesures marquées C peuvent cependant se battre à quatre temps, en ayant soin de prendre le mouvement le double plus vite que celui indiqué pour cette mesure.

Exercices sur la *mesure* ¢ *ou* 2.

Mouv.t de marche.
N.o 103.

MESURE À TROIS-DEUX; $\frac{3}{2}$.

La mesure à $\frac{3}{2}$ contient trois moitiés de ronde, c'est-à-dire trois blanches. Elle est à trois temps, avec une blanche ou deux noires par temps.

Exercice sur la *mesure à* $\frac{3}{2}$: une blanche pour un temps.

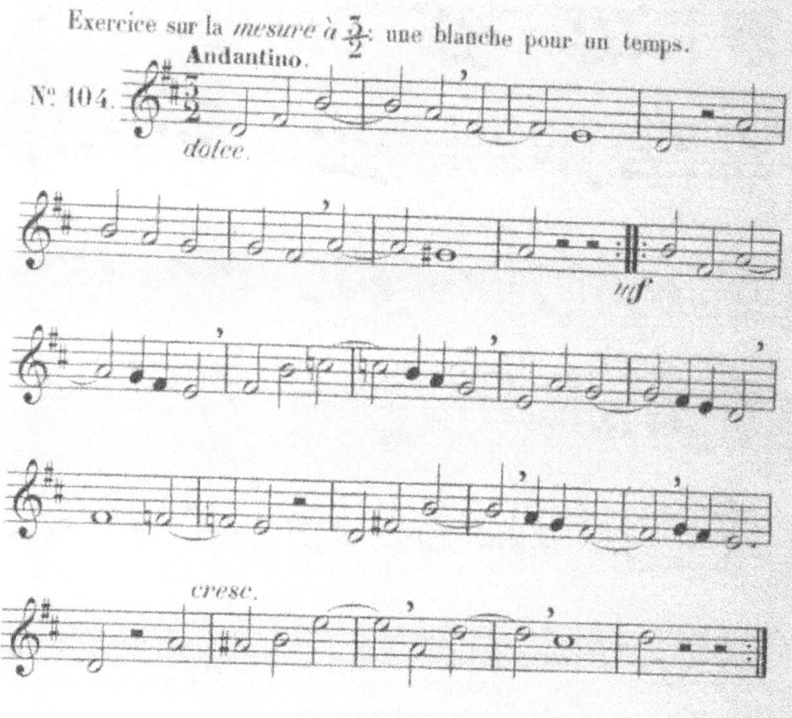

MESURE À QUATRE-DEUX; $\frac{4}{2}$.

La mesure à $\frac{4}{2}$ contient quatre moitiés de ronde, c'est-à-dire quatre blanches. Elle est à quatre temps, avec une blanche ou deux noires par temps; la mesure entière est remplie par une note qu'on appelle *maxime* |O| et qui a la valeur de deux rondes.

Cette mesure s'emploie très rarement; on ne la rencontre plus que dans la musique ancienne ou religieuse.

Exercice sur la *mesure à*  une blanche pour un temps.

DIVERSES MESURES PEU USITÉES.

Mentionnons encore, comme mémoire seulement; 1.º la mesure à 5 temps marquée 5 ou $\frac{5}{4}$ qui se décompose en une mesure à trois temps et une à 2 temps, avec une noire ou deux croches par temps; 2.º la mesure marquée $\frac{6}{4}$ renfermant six noires et se battant à 2 temps, avec trois noires ou six croches par temps; 3.º la mesure à $\frac{2}{16}$ renfermant deux seizièmes de ronde, c'est-à-dire deux doubles croches, et qui se bat à deux temps, avec une double croche par temps; 4.º la mesure $\frac{4}{16}$ contenant quatre doubles croches, et qui se bat à 2 temps, avec deux doubles croches ou une croche par temps. Ces quatre mesures sont très peu usitées.

DU DOUBLE DIÈSE ET DU DOUBLE BÉMOL.

Le double dièse ✕ hausse *d'un ton* la note devant laquelle on le place; on ne s'en sert que lorsque cette note est déjà dièsée. Le double bémol ♭♭ baisse la note *d'un ton*; on l'emploie seulement lorsque la note est déjà bémolisée. Pour détruire l'effet du double dièse et du double bémol, on met, devant la note, un ♮ qui la remet à son ton naturel, et on le fait suivre d'un dièse ou d'un bémol, pour rendre la note ce qu'elle était, par suite des dièses ou bémols précédents.

Exercice sur le *double bémol* ♭♭
Allegretto.

N.º 107.

DU LIÉ ET DU DÉTACHÉ.

La liaison ⌒ posée sur deux ou plusieurs notes différentes indique que le son doit être très soutenu, et que le passage d'une note à l'autre doit se faire sans saccade et sans respiration, entre toutes les notes liées.

On voit qu'il ne s'agit pas ici de la syncope, portant seulement sur deux notes semblables.

Le *détaché* ou *piqué*, marqué par des points placés sur les notes, indique qu'il faut une légère séparation entre le son de chacune des notes détachées.

Les notes piquées n'ont donc pas toute leur valeur, et on les chante, comme s'il y avait entr'elles un silence sous-entendu, équivalant à la valeur qu'on enlève à ces notes.

Exercice sur le *lié*.

Andante grazioso.

Exercice sur le *détaché*.

Allegro.

Nº 109.

Exercice sur le *lié* et le *détaché*.

Moderato.

Nº 110.

TABLEAU
DE TOUTES LES GAMMES MAJEURES ET MINEURES.

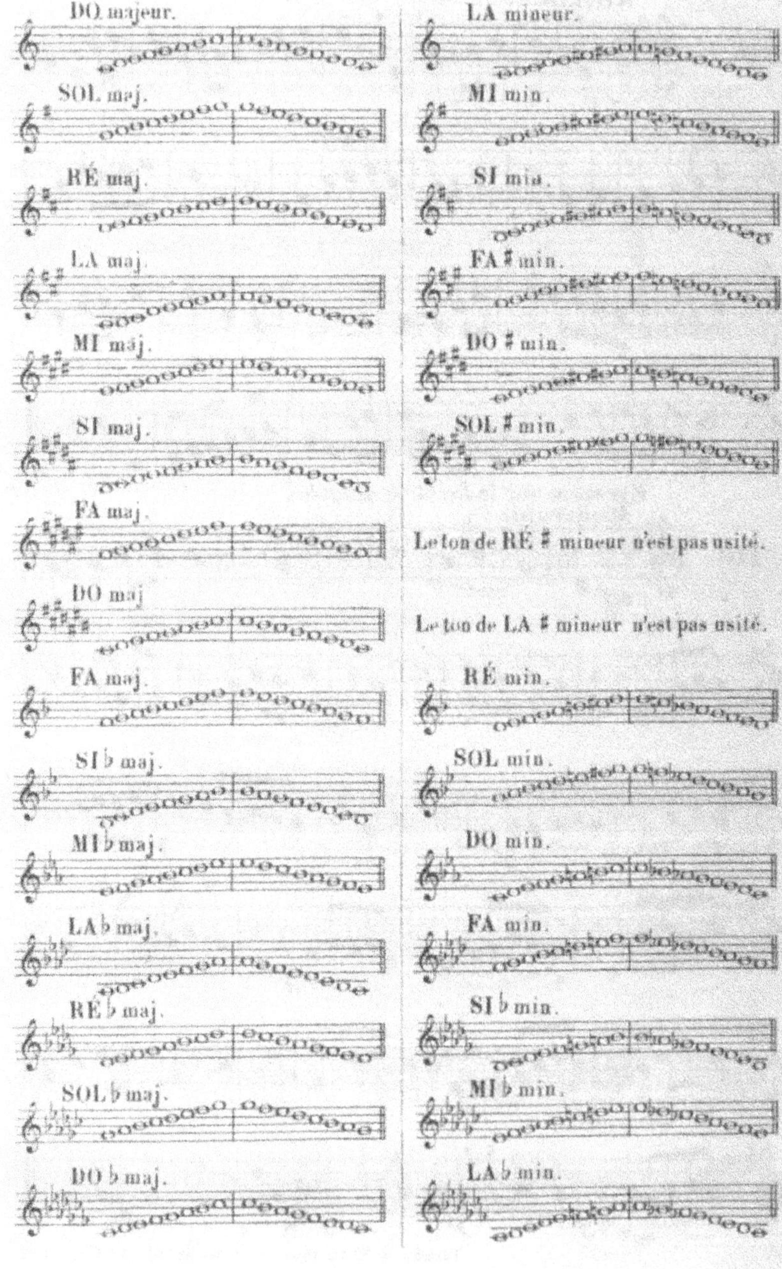

Le ton de RÉ ♯ mineur n'est pas usité.

Le ton de LA ♯ mineur n'est pas usité.

DE L'ACCORD PARFAIT.

On appelle *accord* la réunion de plusieurs notes qu'on fait entendre en même temps. La science et l'enchaînement des accords constitue *l'harmonie*. Sans entrer dans de grands détails, nous indiquerons ici la formation de *l'accord parfait*, afin que, connaissant le ton d'un morceau, on puisse chanter la gamme et l'accord parfait de ce ton avant de commencer, ce qui aidera beaucoup à trouver l'intonation de chaque note.

L'accord parfait se compose de trois notes: la *tonique*, la *médiante* (ou troisième note du ton) et la *dominante* (ou cinquième note de ce ton.) En chantant, on ajoute d'habitude à ces trois notes la première note à l'octave plus haut, et on redescend en sens inverse. Il faut bien remarquer, comme nous l'avons déjà dit, que la tierce du ton mineur est mineure, c'est à dire ne renferme qu'un ton et demi.

TABLEAU
DES ACCORDS PARFAITS MAJEURS ET MINEURS.

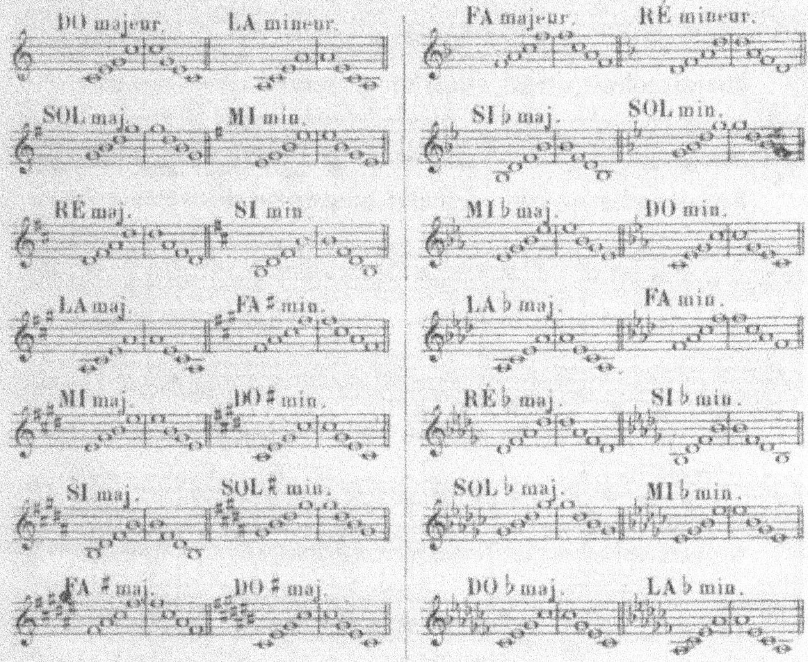

12 RÉCRÉATIONS À 2 VOIX.

J'ai ajouté ici aux exercices de solfége 12 récréations à 2 voix, pour fortifier les élèves sur les intonations, et leur apprendre à placer les paroles sous les notes. Ces récréations sont très-bonnes pour développer l'oreille et le goût, et j'engage M^{rs} les Professeurs à les faire travailler, après chaque numéro où elles sont indiquées. Il sera utile d'apprendre d'abord chaque partie séparément.

Les paroles de ces 12 récréations sont de l'abbé J. B. LECLERC.

N.º 1. — PRIÈRE.

Moderato.

N.º 2. — L'AUBE.

Allegretto.

N.º 5. — L'HIRONDELLE.

Moderato.

N.º 4. — LES BATTEURS DE BLÉ.

Allegretto.

N.º 5. — L'ÉCHO.

Moderato.
1.ʳᵉ PARTIE.
2.ᵉ PARTIE.
De l'horizon, Veux-tu, pinson Qu'en frais échos ta
De l'horizon, Veux-tu, pinson Qu'en frais échos ta
voix re_vien_ne? Dans le val_lon Que ta chanson
voix re_vien_ne? Dans le val_lon Que ta chanson
Monte en accord a _ vec la mien_ne: Do, mi, sol,
Monte en accord a _ vec la mien_ne:
do, et tout l'ef_
pp (en écho.)
Do, mi, sol, do,
pp (en écho.)
_fet est fait, est fait.
et tout l'ef _ fet est fait, est fait.

N.º 6. — CHANT DE GUERRE.

Allegretto con moto.

N.º 7. — AU PAPILLON.

Andantino.

N.° 8. — LES VACANCES.

N° 9. — CHŒUR DE CHASSE.

Allegro.

Nº 10. — A LA MADONE.

Andante.

Nº 11. — BARCAROLLE.

va sans se _ cous _ se Sur ____ l'eau berce
bords va sans se _ cous _ se Sur l'eau berce
rall. 1º Tempo.
nous mol _ le _ ment; p Sui_vant son cours le
rall. 1º Tempo.
nous mol _ le _ ment; p Sui_vant son cours le
flot nous pous _ se Rê _ ver ain _ si se _
flot nous pous _ se Rê _ ver ain _ si se _
p
_ra char _ mant Rê _ ver ain _ si se _
p
_ra char _ mant Rê _ ver ain _ si se _
pp rall molto.
_ra char _ mant se _ ra char _ mant!
pp rall molto.
_ra char _ mant se _ ra char _ mant!

N.º 12. — ROSE ET LIS.

Moderato.

1.ʳᵉ PARTIE.

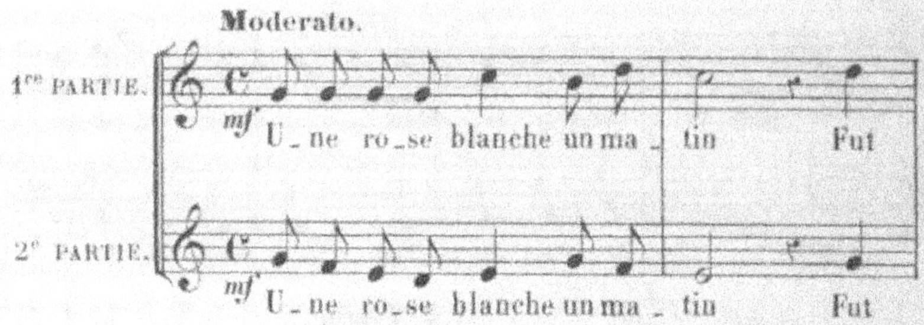

2.ᵉ PARTIE.

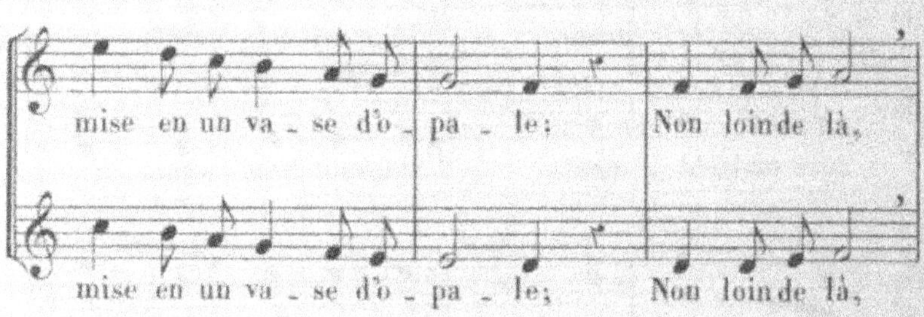

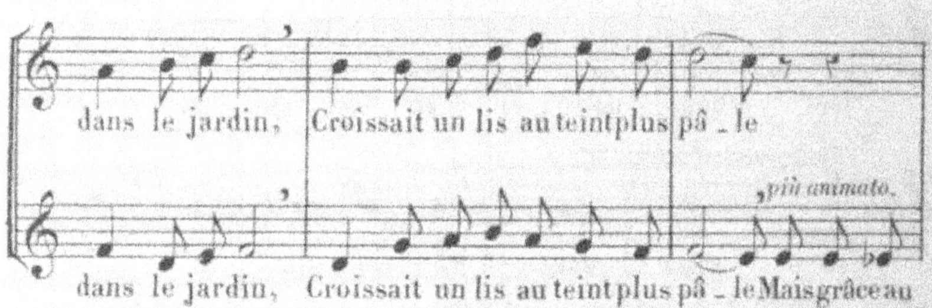

66

Paris, Imp. Arouy, Fouquet S.t rue du Delta, 26.

44